给孩子的简明中国史

A Child's History of China

# 太喜欢历史了！

知中编委会 编著

 隋唐

中信出版集团 | 北京

图书在版编目（CIP）数据

太喜欢历史了！给孩子的简明中国史 / 知中编委会
编著. -- 北京：中信出版社, 2019.4（2025.9 重印）
ISBN 978-7-5086-9375-0

Ⅰ.①太… Ⅱ.①知… Ⅲ.①中国历史－少儿读物
Ⅳ.①K209

中国版本图书馆CIP数据核字(2019)第013398号

隋唐（太喜欢历史了！给孩子的简明中国史）

编　　著：知中编委会
出版发行：中信出版集团股份有限公司
　　　　　（北京市朝阳区东三环北路27号嘉铭中心　邮编　100020）
承 印 者：北京联兴盛业印刷股份有限公司

开　　本：787mm×1092mm　1/16　　印　　张：5.25　　　　字　　数：95千字

版　　次：2019年4月第1版　　　　印　　次：2025年9月第32次印刷

书　　号：ISBN 978-7-5086-9375-0

定　　价：398.00元

ZHI
CHINA
知中

# 太喜欢历史了！
# 给孩子的简明中国史

**出版人 & 总经理**
苏静

**艺术指导**
汉堡

**内容监制**
叶扬斌

**撰稿人**
郭怡菲 / 罗灿 / 书鱼 / 徐乐 / 许峥 / 李艺 / 绪颖 /
陆西渐

**插画师**
Ricky / 蒋讲太空人 / 子鱼非 / 黄梦真 / Zoey /
Yoka

**策划编辑**
王菲菲 / 苏静

**责任编辑**
陈鹏 / 叶扬斌 / 刘莲

**营销编辑**
马英 / 谢沐 / 张雪文 / 严婧 / 刘天怡

**联系我们**
zhichina@foxmail.com

**发行支持**
中信出版集团股份有限公司，北京市朝阳区惠新
东街甲 4 号，富盛大厦 2 座，100029

微博账号
@ 知中 ZHICHINA

微信账号
ZHICHINA2017

# 承上启下的隋王朝

隋朝的国运尽管很短暂，只有三十七年，却是中国历史上承上启下的一个重要时代。它结束了西晋以来长达三百余年的社会动荡，重新实现了国家统一，并建立了一系列崭新的政治制度，比如五省六曹制和科举制度等。此时修建的京杭大运河，为后来的唐朝盛世打下了政治和经济基础。在这相对短暂的时间里，能完成这么多浩大且重要的工作，其实非常了不起！

隋朝的开创者隋文帝杨坚是一位雄才大略的君主。他经历过北周荒淫、酷烈的统治，又曾戎马征战，所以比较反对奢侈浮华的作风，崇尚节俭务实。他下令宫里的人要穿旧衣服，作文章要尽量平实。统一全国以后，杨坚重用读书人当官，很多儒生官位列于武将之上。他还废除了门阀色彩强烈的九品中正制，鼓励民间推举读书人入朝为官。同时，他也重视礼制的作用，多次下令服装、祭祀、礼仪都要遵循《礼记》的规定。隋朝前期国力强盛，社会发展迅速。

600年，杨坚废掉太子杨勇，改立杨广为太子。杨广有着虚伪且暴戾的性格，尽管他在父母面前伪装成生活朴素的样子，但内心深处非常喜欢奢靡的生活。因此，隋文帝时少收税，少发动徭役，让百姓休养生息的策略被杨广完全抛弃，这大大加速了隋朝的灭亡。

# 生活在隋朝

衣

隋朝时颁布过很多律令来规定服饰的等级制度，与之前不同的是，过去的律令，一般只针对祭祀、朝觐（cháojìn）等场合穿的礼服，而从隋朝开始，日常穿的衣服也被纳入了规定，这一点也被后来的王朝继承了下来。

总体来说，隋朝的服装继承了北魏和北周时代汉胡融合的风格，趋向于简单方便，与中原地区原有的风俗大不相同。在民间，年轻男子最常穿的外衣是一种圆领袍衫，衣服长度到膝盖以下，侧面开衩开到大腿处。这种服装源自鲜卑，穿上后行动比较方便。而半臂是一种男女都穿的服饰，它的袖长到手肘，衣身长到腰部，男子主要把它穿在外衣里面，而女子则把它当作外衣。另外，裙襦是当时最主要的女子服装，以高腰长裙为主，它的长度一直到脚部。

**食**

　　隋朝已经形成了南稻北粟（麦）的饮食结构，南方人以稻米为主食，北方人则主要吃粟米或者面食。当时人对主食主要有饼和饭两种称呼，饼是指各式面食，包括现在的馒头、面条、包子等；而饭则包括稻米饭、小米饭、雕胡饭等。当时的副食品种也极为丰富，北方副食有牛羊肉等肉制品和乳酪等奶制品，而南方则有鱼虾等海产品。

（住）

隋朝实行里坊制度，"里坊"相当于当时城市里的居民区，里坊之间用高墙隔开。里坊四周，有官吏负责巡视管理，里坊门也会定时开关。隋朝的建筑开始大量以烧制的砖瓦为材料，琉璃瓦烧制技术也更加成熟了。另外，木结构的建筑也非常完善，它们有着灵活、便捷、紧密的优势，表现出屋顶平缓、出檐深远、斗拱巨大的特点。

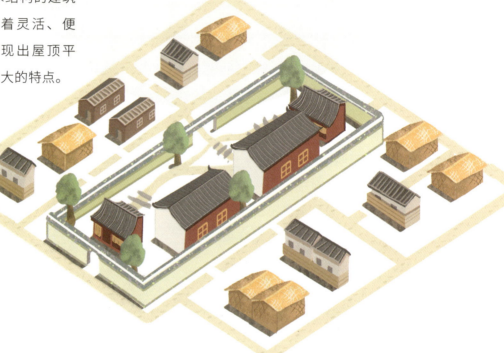

（用）

隋朝统一前，社会动荡，货币不统一，货币分量也参差不齐。为了解决这种状况，隋文帝下令使用币值稳定的五铢钱。隋朝时，丝织业极为发达，丝织品的分类多达几十种，丝织产业的规模和分工都有了显著的发展，可以织造出极为精美的锦缎。

## 行

　　隋朝时大量开掘运河、建造桥梁。当时的运河，主要用来沟通内陆各水域。大规模的运河建造，使内陆水系连成网络，水上交通变得极为便利。隋朝有著名的京杭大运河。当时各地河道上也修筑了很多桥梁，其中工匠李春在今河北省赵县修建的赵州桥就非常有名，它是一座空心石拱桥，两侧各有两个小拱，极大减轻了洪水的冲击。赵州桥既省材料又坚实，体现了高超的造桥技巧。

　　隋朝舟船极为盛行，造船技术非常高超，能造五层的巨大战船，也能造远航的商船，造船业分布在南方各地。不论是隋军讨伐南陈时还是商旅出海时，都使用大船。隋炀帝南巡时乘坐的龙舟，"长二百丈"（约六百六十七米），上面设计有正殿、内殿、朝堂等，需要近万名纤夫来拉动，规模之大，历史上绝无仅有。

# 01

# 大隋王朝一统天下！
# 新帝国的登场

中国历史上面积最大的都城是哪个？

## 杨坚登场了

隋朝的建立者杨坚出身于一个汉族世家，他的父亲杨忠是跟随北周创始人宇文泰多年的老臣，还因功被赐了一个鲜卑族姓氏"普六茹"。杨坚长大以后继承了父亲的官位，在朝中很有威望。

当时的北周皇帝——周宣帝是一个昏君，满朝文武对他都是敢怒而不敢言。这个皇帝完全不管法度和礼制，居然立了五个皇后，其中一个就是杨坚的女儿，他甚至还强占了行军总管宇文亮的儿媳、相州总管尉迟迥（Yùchí Jiǒng）的孙女。

由于杨坚对朝廷有很大的影响力，所以周宣帝对他非常嫉恨，多次想要杀了杨坚。不过杨坚是一个非常沉稳的人，一次次化险为夷，没有让周宣帝抓住把柄。后来周宣帝突然得了重病身亡，杨坚及其他近臣抢先进入宫中，以外戚的身份辅佐年仅六岁的小皇帝，并最终掌握了朝廷大权。

581年，北周静帝被迫禅位给杨坚。杨坚建立了隋王朝后，百官的职位保持不变。他又汲取北周的教训，杜绝皇后或外戚干政，并把前朝与突厥和亲的千金公主改为杨姓，赐名大义公主，维护边疆稳定。

589年，杨坚派遣皇子杨广率领大军进攻南陈，一举攻破了陈朝的都城建康（今江苏南京），俘虏了陈叔宝，没有费什么力气就灭亡了南陈。

至此，继西晋之后，中国再一次进入大一统时代。

世界
大事记
中国

580年 尉迟迥等老臣不满杨坚夺权而发动叛乱

581年 隋文帝杨坚即位，建立隋朝。颁布《开皇律》

582年 宇文恺主持修建大兴城

▼ 北周末年，人们深受战乱困
扰，苦不堪言。

587年 拜占庭皇帝莫里斯一世沿多瑙河边境修建更多防御工事，将拜占庭帝国与
阿瓦尔斯和斯拉夫人区分开

589年 隋灭陈

### 隋朝的制度

隋朝建立后不久，杨坚在中央设立了五省六曹的制度。五省是内史省、门下省、尚书省、秘书省和内侍省，内史、门下、尚书三省主要负责处理行政事务，你可以理解为，他们是管理和执行国家大小事务的；六曹则是指吏部、度支（户部）、礼部、兵部、都官（刑部）、工部，它们都归尚书省管。

五省六曹制让权力集中在了中央政府，各个部门之间又互相牵制。不同部门负责做不同的事情，不仅提高了效率，而且可以防止某个官员权力过大。唐初的三省六部制就是继承了隋朝的这一制度。

### 大兴城

隋文帝建立隋朝后，起初定都长安，但当时的长安城在他看来过于狭小，加上这座汉朝兴建的长安城已经建了好几百年，水源净化功能大不如从前，城里的水变得又咸又苦，不适宜饮用。因此他下令在长安城东南兴建大兴城。大兴城建成后，隋朝便迁都于此。到

了唐朝时，大兴城改名为长安城，这才是今天我们熟知的唐长安城。

大兴城规模很大。它占地面积约八十三平方千米，比明清时期的北京城还大，是中国历史上规模最大的都城之一，也是当时世界上少有的大都市，它的设计被其他很多国家效仿。大兴城内采用横平竖直的街道，这样就划分出了棋盘状的方格，每个小方格便是一个里坊。整座城池布局井然有序，最北方为皇宫，是皇帝住的地方；往南是对称的皇城，也是官署所在；再往南就是普通民居了。而且隋唐时代有"宵禁"的规定，所以人们晚上是不能擅自出里坊的。

## 大建筑家宇文恺

宇文恺就是负责修建大兴城（即唐长安城）的建筑师，能够规划并成功建造一座这么大的城市是非常了不起的。现在，人们仍然对唐长安城的科学规划津津乐道，可见他的技术非常高。除了唐长安城，他还建造了洛阳城，以及皇帝的宫殿仁寿宫等。

▼ 隋朝实际掌握政权的皇帝只有两位，即隋文帝和隋炀帝。

# 02

# 隋朝初期的美好时光

## 成语讲堂

### 推波助澜

------------------------

　　"推波助澜"这个成语出自隋朝人王通的著作《文中子·问易篇》，原句是"真君、建德之事，适足推波助澜，纵风止燎（liáo）尔！"

　　太平真君是北魏太武帝的年号。建德是北周武帝的年号。这两个皇帝执政时都实施了灭佛运动，但他们一去世，继位的皇帝又变本加厉地推崇佛教。所以王通说他们起到了"推波助澜，纵风止燎"的作用，使得佛教更加盛行。这个词现在多用于比喻助长事物（多指坏事）的发展，带有贬义。

593年 日本飞鸟时代开始，圣德太子摄政

590年 隋文帝改革府兵制　　　　　600年 隋朝受到西突厥攻击

## 新朝代的新规矩

隋朝统一以后，怎么治理国家就成了新的问题。杨坚很重视法律在国家政治中的作用，他命令大臣们汲取魏晋南北朝各代法律的优点，以此制定隋的法律。581年，《开皇律》终于完成了，直到隋朝灭亡，这套最高刑法法典都在被沿用。

《开皇律》按照罪行的严重程度，具体分成了《名例律》《卫禁律》等十二篇，但它并不像之前的法律那么繁杂。这部法典无论是篇目名称，还是顺序结构，基本被后来的唐朝律法所继承，这也侧面说明了它的理念在当时非常先进合理。

法律制定出来以后就需要执行，但是这时候的隋朝却面临着法律难以推行的状况，因为各地仍然存在着众多世家大族。从魏晋时期开始，按照出身高低选择官员的九品中正制是最重要的选官制度，世家大族拥有着谁才能进入朝廷做官的决定权，久而久之形成了长达数百年的世族政治。

新王朝的统治者杨坚当然想要加强中央集权，但如果直接宣布废除过去的选官制度实在太过强硬了，应该会遭到强烈反抗吧？所以杨坚首先对魏晋以来的地方行政制度进行改革。他取消了"郡"这个地方行政单位，这样一来，自然也就不需要在郡里专门负责选拔人才的中正官了。经过十多年的准备，州、县两级的中正也逐渐被废除，杨坚通过高超的政治手段，终于剃除了九品中正制这个毒瘤，将选拔人才的权力掌握在自己手里。

◀ 隋朝进行人口普查。

13

### 隋朝是怎么收税的？

隋朝刚建立的时候，地方隐藏人口的现象十分严重，很多失去土地的农民为了填饱肚子，不得不卖身给地方上的世家大族，替大地主们耕地。他们一年年辛勤劳动，但是收获的粮食却不得不给地主们上缴一半以上，生活非常困苦。而且因为他们没有户口，国家收不到赋税，因此真正占到便宜的只有大地主！

为了改变这种现状，大臣高颎（Gāo Jiǒng）提出了"输籍法"，规定每年由县令负责带领里长、保长等进行户口普查，将所有的农民都统一编入国家户口，再通过均田制使他们重新拥有属于自己的农田。

"均田制"其实并不是隋朝的首创，早在北魏时期，国家就开始按照人口数量来分配土地了，这个方式一直延续到了隋朝。不过，由于隋朝施行输籍法，农户数量大大增加，所以农民们平均得到的田地也就减少了。朝廷为了弥补他们，把规定上缴的税收也减轻了一半。这样一来，老百姓的收获多了，交税少了，生活也就更好了。

此外，杨坚还对西魏时就成型的府兵制度进行了改革。他废除府兵的兵籍，使他们变成民户，让军人们也拥有属于自己的田地，而且不需要交税，形成了兵农合一的新制度。不过府兵们在享受了权利的同时也要履行义务，在平时军事训练和战争中需要粮食时要自己负担，这样一来就大大减轻了国家的负担。

### 来自草原的新对手

杨坚整顿府兵制的重要目

的之一，就是跟北方的突厥对抗。552年，游牧民族突厥在大草原上建立了一个强大的国家，称为突厥汗国。他们比匈奴更强大，也更难对付。隋朝刚刚建立时，他们就对中原发动了战争。不过杨坚作为隋朝开国皇帝，可

不是一个胆小鬼。583年，隋军夺回了先前被抢走的土地，之后双方又较量了几次，突厥汗国因连连战败，内部极不稳定，最后分裂成了东突厥和西突厥两部分，再也无力进攻隋朝了。

除了平定北方，隋朝还降

服了在南方交州地区的野能国，这里包括了今天的越南北部、广西以及广东的一部分地区。

▼ 隋朝军队进攻突厥和野能。

# 03

# 隋炀帝的"作死"之旅

600年 杨广被立为太子

604年 隋文帝杨坚去世，隋炀帝杨广即位

605年 隋开始修建洛阳城。大运河开凿，隋炀帝南巡

## 杨广登基

604年，雄才大略的隋文帝杨坚去世了，他的二儿子，三十五岁的杨广继承了皇位，史称隋炀帝。杨广本来并没有继承资格，但他一直小心翼翼地伪装出勤奋、谦虚、夫妻恩爱的样子来讨好父母，又通过一系列阴谋让杨坚废掉了原来的太子杨勇，这才得到了继承皇位的资格。

然而杨广继位之后，不仅大兴土木，劳民伤财，还日渐沉迷于奢侈享受中。他非常排斥那些敢说真话的大臣，成为了一个独断专行的暴君，也最终毁掉了隋朝的根基。

杨广登基后，想在粮食更丰富的洛阳建造一座繁华的陪都。建造大师宇文恺按照杨广的喜好，把洛阳城设计得非常华美。官员们网罗天下珍奇来装点这座都城，城中穿插着泉水和小河，中央大道贯穿南北，宫殿的柱子非常粗大，需要两千人从江西拖来。这样奢侈的工程，每个月要有"两百万"劳工参与建造。610年，杨广在华丽的洛阳城举行了庆典，西域许多国家的首领都前来参观并大开眼界。庆典期间没有宵禁，来隋朝拜访的各国首领可以通宵玩乐，还可以吃皇家自助餐，观赏各种珍奇宝贝。不过相比之下，庆典之外的隋朝百姓生活却很艰难，非常讽刺。

## 修建大运河

隋朝的时候，相比起陆上运输，水运方便多了。但是中国的河流大都是东西方向的，这让喜欢南方的杨广觉得很不方便。所以605年，他决定命人挖一条以洛阳为中心，北至涿郡（今北京），南至余杭（今杭州）的南北方向的大运河。但是，人工挖河道的工程

◀ 隋炀帝是一位比较独断专行的皇帝，他不喜欢听别人的意见。

## 成语讲堂

### 罄竹难书

------------------------

隋炀帝杨广的残暴统治激起了人民的反抗，其中最著名的就是瓦岗寨起义。他们的首领李密曾经写了一篇文章给各个地方，历数杨广的十大罪恶。因为当时古人的书是写在一片片竹简上的，连在一起，就成了一卷竹简。李密讨伐杨广的文章中有一句就说，即便把南山的竹子都做成竹简，也写不完他（指杨广）的罪恶。所以现在用这个成语形容作恶太多，没有办法都记录下来。

量实在太大，到第三段永济渠时，征发的男性劳工已经开始不够用了，连女子也要被征发修渠，光是修建这一段河渠就用了一百多万人。如此无休无止地干活，又受累又挨饿，因此近一半的劳工都死了。

605年农历八月，通济渠刚刚修好，杨广就乘着他从三月就开始打造的龙舟到扬州游玩。这次南巡又耗费了大量民力，光是在岸上拉动这些龙舟的纤夫就有好几万人。一路上，地方长官们都要献上精美的贡品，如果皇帝满意就能升官，不满意就可能被杀头。

这么铺张浪费的皇帝可害苦了隋朝的老百姓，大家既要

修宫殿、挖运河、造船造车，又要给隋炀帝找漂亮的花草树木、飞禽走兽、山珍海味，完全没有休息的时候，甚至连自己家的田地都顾不上种了。

不过杨广也不是一点好事都没做过。在杨坚彻底废除了九品中正制以后，他参考以前的一些人才选拔方法，创建了科举考试制度的雏形，直接选拔有才学的人，让他们效命于自己，为朝廷做事。

科举考试制度彻底打破了以前凭借血缘出身关系来选拔人才的束缚，即使是家境贫寒的读书人也可以通过自己的学问获得朝廷的重用，获得施展才华的机会。不过科举制在隋朝并没有被完全推广，当时仍然主要依靠地方推荐人才，直到唐朝，科举才真正成为非常重要的选拔人才的方式。

▼ 隋炀帝南巡时搭乘的大龙舟非常豪华。此图原型为湖北木雕船——隋代大龙舟。

19

# 04

# 被战争拖垮的
# 隋王朝

反抗隋朝的势力据说
多达两百个。最后取
得胜利的是谁?

▶ 隋朝决定攻打高句丽。

世界 | 大事记 | 中国

607年 日本遣隋使小野妹子来访　　　　610年 穆罕默德开始在麦加传播伊斯兰教

607年 隋炀帝北巡　　　608年 隋朝击败吐谷浑　　　612年 隋朝开始进攻高句丽

607年，杨广又对隋朝北方的疆土进行了巡视，不过连绵不断的山地让他非常不满。于是，杨广征发了黄河以北十几个地方的劳工，凿穿了太行山，挖了一条宽阔隧道。为了方便隋炀帝北巡，东突厥启民可汗发动突厥百姓在草原上修了一段通往今天北京的大路。这段路非常宽阔，可以极大地提升车马的行驶效率，尤其利于战争期间输送部队。

隋文帝杨坚的时代，为了防御突厥曾经四次修建长城，主要完成了今西北地区宁夏灵武到陕西榆林的一段。607年，杨广在北巡中看到以后，决定继续这一工程。他这次又征发了一百多万劳工，让他们没日没夜地劳动。第二年，他又安排二十多万人把长城继续向东修建，这段长城保护了启民可汗的地盘，却累死了许多隋朝百姓。

降服东突厥之后，阻碍丝绸之路畅通的吐谷浑（Tǔyùhún）就成为了杨广的攻击目标。608年，在当地商人的设计配合下，隋朝和归降的突厥的铁勒贵族一起出兵击败吐谷浑，降服了十万多人，收获三十多万牲畜，当时隋朝的地图一直画到了现在的祁连山下。

而隋朝的东边还有个强硬的邻居叫高句丽（Gāogōulí）。598年，高句丽发动上万骑兵进攻隋朝，当时的皇帝杨坚准备召集三十万人进行反击，但是后勤补给不够，部队吃不饱又遇到了瘟疫，隋军只能退兵。杨广深刻感觉到高句丽是一个心腹大患。

为了打败这个难缠的对手，杨广酝酿了很长时间。一条条运河跟驰道连接起通往辽河边境战场的道路，全国的富人都要缴纳专门的税收，用以筹备粮草，全国各地的士兵和补给都汇聚到涿州。他甚至命令大兴城的设计师宇文恺在辽河上设计了一座木板制作的巨大浮桥，然后指挥大军向高句丽发动了进攻。

可是这次雄心勃勃的征讨并不顺利，高句丽在辽河东岸的城池进行了顽强的抵抗，7世纪的运河和驰道弥补不了北方战场的遥远距离，在战争中战死的隋朝士兵超过一半。三次对高句丽战争的失败也彻底把隋朝拖进了灭亡的深渊。

整天累死累活还吃不饱饭的隋朝百姓纷纷起来反抗，全国各地出现了数支反隋势力，他们割据一方互相攻打，最终造成了隋王朝的覆灭。在经过短暂的隋末乱世后，一个名叫李渊的贵族高官建立了一个新帝国——唐。

▼ 隋朝的百姓们正在修路。

21

# 唐

义：书鱼，陆西渐

绘：蒋讲太空人（时代背景，历史事件）

　　Yoka（衣食住行，历史事件）

# 实力强劲的帝国

唐朝是我国古代传统社会中，国力最强盛的朝代之一，它既有着十分辽阔的统治地域，又频繁进行文化交流。源源不断的物资和文化交流，既让唐朝人民的生活比之前上了一个大台阶，也将我国的文化等传入了日本、朝鲜、阿拉伯等地区，影响了世界文明。

唐太宗李世民统治期间，唐朝开始迈向全盛时代，周边少数民族都前来朝拜归顺，称李世民为"天可汗"。这个国泰民安、经济文化双繁荣、对外交流频繁的盛世，被人们称为"贞观之治"，它为盛唐时代的到来奠定了重要基础。

唐朝是一个诗歌盛行的时代，古风、乐府、律诗、绝句等多种诗歌文体都发展到了巅峰。大气飘逸的诗仙李白，忧国忧民的诗圣杜甫，诗句通俗易懂的现实主义诗人白居易，呕心沥血的诗鬼李贺，寄情山水田园的王维和孟浩然，擅长写辽阔边塞的王昌龄、高适和岑参……对唐诗和唐朝诗人，其后朝代的读书人或许只能伸出大拇指说一个字——服。

科技方面唐朝也毫不逊色。僧一行和梁令瓒等人制造了黄道游仪和水运浑天仪，其中水运浑天仪是一个十分巧妙的计时机械，是世界上最早的机械时钟装置，也是现代机械类钟表的祖先。僧一行还受诏进行大规模天文大地测量，提供了相当精确的地球子午线一度弧的长度。雕版印刷术的发明，也大大方便了书籍的传播，并且传到了西方国家，促进了世界文化的发展。在医学上，被后人称为"药王"的孙思邈（Sūn Sīmiǎo）通过不断积累走访、记录，完成了他的著作《千金要方》。孙思邈后来又接受唐朝朝廷的邀请，开展医学活动，参与《唐新本草》的编撰，该书于659年完成，是世界上第一部由国家颁布的药典。

唐朝在对中华文化高度自信的同时，也对外来文化采取宽容开明、兼收并蓄的政策。唐朝时，祆教（Xiānjiào）、景教、摩尼教、伊斯兰教陆续传入中国，而佛教在这段时期里完成了汉化过程。佛教涉及中国文化的各个领域，它对中国政治、伦理道德、哲学思想、文学艺术、民俗传统都产生了深远的影响。唐朝商人的船队遍布世界各个角落……

唐朝国力强盛，在世界上处于领先地位。至今很多国家的华人聚居区还叫"唐人街"。当时，周边国家不断前来学习。就拿日本来说，7世纪初至9世纪约两个半世纪时间内，日本为了学习中国文化，先后向唐朝派出十九次遣唐使团。受此影响，日本推行大化改新时，便吸纳了中国唐朝的政治经济体制。到现在，日本的建筑、文字、服饰等都有着中国唐朝的影子。

# 生活在唐朝

 衣

唐朝时，我国古代的服饰也发展到了新的高度。特别是随着对外交往的频繁，大量外族人的衣着样式传入中原，唐朝服饰博采众家之长，在款式、色彩、图案等方面都呈现出前所未有的变化。

唐朝男子日常穿的衣服就是纯色的圆袍衫，"袍子"指有里子的夹衣，"衫"为单衣，两者是那时最具代表性的外衣。这个时期的衣服有圆领、窄袖、右衽（左侧在上，右侧在下）的特点，领口和前襟各有一枚扣袢系合，长度一般在小腿至脚面之间。脚下则普遍穿一双游牧民族传过来的皮革靴子。

中唐以前，无论是农妇还是妃子，平常穿的衣服都以高腰襦裙为主。虽然样式差不多，但国家有规定，贵重的绫纱锦缎、大红大紫的颜色、金银珠玉的首饰，只有贵族才能穿戴。平民只能穿粗麻布，颜色也只能用浅黄、白、青、皂等。

受西域习俗的影响，当时的妇女流行穿男装，而且往往穿着窄袖露胸的服饰，展示了唐朝较为开放的风尚。不过贵族妇女出门一般还是得戴一种能把自己全身罩起来的帽子——幂篱（mùlí），后来，又改戴罩纱变短的帷帽。唐朝妇女还爱在脸上贴花钿（huādiàn），形式除了圆形之外，还有各种繁复的图案，颜色也以红色最多。

# 食

你知道吗，唐朝的饮食已经非常丰富了！光是当时的饼就有蒸饼、烤饼、薄饼、油煎饼等样式。除此之外，得益于频繁的对外交流，人们还能吃到来自地中海的莴苣、印度的刀豆、波棱国（今尼泊尔）的菠菜……

唐朝初期，人们要想喝茶还得去药店花大钱购买，到了唐玄宗李隆基的时代，喝茶的习惯就慢慢传播开来。不过唐朝时的茶水可不像现在的茶水，里面会添加葱、姜、胡椒、大枣、薄荷等佐料。后来，"茶圣"陆羽提出了不一样的煮茶方法，大受上流社会的欢迎。唐朝时，中原人从高昌学来了酿造葡萄酒的方法。有记载说，唐朝名臣魏征就是酿造葡萄酒的高手。

## 住

在长安城内，有坊、有市，坊是人们住的地方，市就是买卖东西的地方，市和坊是分开的。市有东市和西市；坊则延续隋朝的基础，由纵横交错的街道下划分出来。在不同时期，坊的数量也有所不同。

到晚上，你会看见东西两市很安静，而坊内人们却很热闹地过着夜生活。不过唐朝前期的法律严格规定，大家晚上只能在家里玩儿，如果擅自跑到外面会触犯宵禁，又叫"犯夜"。这也是为什么取消了宵禁的上元节会这么热闹！

唐朝时贵族高官的住宅规模很大，有用回廊连成的院子，还有由假山、水池、楼阁组成的园林。不少大臣向波斯等国学习，在自家庭院中建有球场。平民百姓则一般以房屋围成狭长的四合院，贫困家庭就只有一两间小屋，周围用篱笆围成院子。

唐人延续了南北朝和隋的传统，很推崇佛教，学习印度的样式建造了许多佛塔。因为这些佛塔的造型和结构是模仿古时候的木塔，所以佛塔的外观呈四方形，材料以砖、石为主，其中最著名的就属今西安的大雁塔了。

### 行

唐朝流行骑乘，无论是皇帝、义臣武将，还是平民百姓、僧尼，出门都喜欢骑马、骑驴。那时候还流行一种交通工具——肩舆，它是轿子的前身。这种由人力抬起的交通工具一开始只有贵族乘坐，后来慢慢普及到了全社会。

### 用

唐朝人去市场买东西的时候，用的就不是隋朝时的五铢钱了，而是唐高祖在621年下令铸造的"开元通宝"。从这时开始，货币的计量单位也革新了，人们不再使用以二十四铢为一两的二十四进位来计算，而是改用两、钱、分、厘的十进位法了。

中国是世界上最早铸造金属货币的国家，早在春秋时代就有了贝壳样式的铜钱。公元前118年，汉武帝开始铸造五铢钱，这种钱币一直沿用到了唐朝初期。它通过丝绸之路大量流入了西域地区，影响了当地的钱币样式。龟兹国在3世纪开始铸造的"龟兹五铢"就借鉴了这种外圆内方的样式。

唐朝开始铸造的开元通宝后来也成了西域诸国学习的另一种铸币典范，位于乌兹别克斯坦的中亚粟特城邦诸国就铸造过"山寨版"的开元通宝，正面为汉文"开元通宝"四字，背面为粟特文、族徽或素背；也有一些正面为粟特王徽、族标，背面为粟特文的王名、称号。

29

# 01

# 从乱世中崛起的大唐王朝

李世民是怎么当上皇帝的？

### 李渊崭露头角

隋炀帝杨广的残暴统治引发了全国范围的起义。615年，杨广的表哥李渊被派遣到了太原，负责防御北方的突厥入侵，并镇压当地的反隋势力。

各地起义军在全国占据了优势后，李渊见隋朝灭亡已经是大势所趋，便动了取而代之的念头。当他觉得时机成熟时，便在谋士裴寂、刘文静和次子李世民的建议下以"清君侧"的名义起兵了。

李渊首先诛杀了隋炀帝派来监视他的官员，随后派刘文静出使东突厥，得到了始毕可汗的支持，又派大儿子李建成和二儿子李世民进攻西河郡，

世界 大事记 中国

618年 隋炀帝杨广去世。唐高祖李渊即位，建立唐朝

让四儿子李元吉留守太原，自己则发兵长安，仅仅约半年就成功攻克了都城。然后他奉杨广的孙子杨侑为皇帝，尊杨广为太上皇，自封为大丞相、唐王。

618年农历三月，隋炀帝在江都（今江苏扬州）被部下宇文化及杀害，李渊得到消息后便废黜了杨侑，自己称帝，这就是唐朝的开始。他在位期间，梳理了隋朝留下的各种烂摊子，确立了唐朝的政治制度，为唐朝的繁荣奠定了基础，后人称之为"武德之治"。

## 三个儿子的斗争

为了一统天下、巩固政权，唐高祖李渊向各地的起义军和割据势力发动了战争。在统一天下的战争中，李世民发挥了巨大作用。

建立唐朝之后，李渊让大儿子李建成做了太子，主要负责处理中央事务；战功卓著的二儿子李世民被封为秦王，继续率领将士出征。不过随着唐朝完成统一，战争进入尾声，立下不少功勋的李世民，名望也上升到了顶点，手下还有一大批对他个人效忠的文臣武将。

太子李建成担心李世民威胁到自己的地位，就去找齐王李元吉联手。他许诺说只要自己能登上皇位，就封李元吉为皇太弟，李元吉为自己的前途着想便同意了。从此，李建成和李元吉一起排挤和陷害李世民，而李世民及其手下当然不会坐以待毙，于是两派势力不断地明争暗斗。

在李渊的偏袒下，李建成集团逐步占据上风。为了挽回局面，李世民决定背水一战。626年，他率领亲信部将在玄武门发起突然袭击，将李建成

▼ 李世民通过玄武门之变获得了皇位。

31

和李元吉杀死，让李渊封自己做皇太子。两个月后，李渊把皇位禅让给了李世民，这就是历史上著名的唐太宗。

**唐朝的制度**

唐朝建立以后，基本延续了隋朝的官制，并稍加改造，形成了后世沿用多年的三省六部制。唐朝明确划分了三省六部的职权：中书省负责草拟皇帝的诏令；门下省负责审核政令，觉得实行不了的话就退回去；尚书省负责执行国家的重要政令。六部则是尚书省分设的几个机构，分别是吏部、户部、礼部、兵部、刑部、工部。三省互相制约、互相监督，谁也没办法一家独大，保障了皇帝的最高权威。

唐朝前期的兵制则延续了

北魏和隋朝的府兵制度。由于兵将平时都不在一起，所以将领难以形成拥兵自重的局面。府兵服役的时候是个用父税的，但一旦出征，就要自备武器和粮食。这样一来就减轻了官府的财政压力。另一方面，唐朝在隋朝均田制的基础上，

▼ 科举考试现场。

实行了租庸调制。成年男子每年向官府交一定数量的谷物，叫作"租"；交一定数量的绢和布，叫作"调"；在服役期限内不愿去服役的话，可以用绢或者布来代替，叫作"庸"。这些制度不但保障了国家正常运转，也减轻了农民身上的压力，不会像隋朝那样动不动就被征发服徭役。

在地方上，唐朝设立了"道"这个监察单位，把全国分成了十个道，不定期派巡察使前去巡视。到唐玄宗时，又增加到了十五个道，道的长官也变成了常任官员。到了晚唐，由于藩镇林立，道已经增加到了四十七个之多。

唐朝在偏远的边疆地区实行了羁縻政策，就是任命当地少数民族首领为羁縻府州长官，他们在向唐朝称臣纳贡的同时，实施内部自治，赋税不入国库。这一政策有效增强了唐朝在少数民族地区的影响力。

628年，唐太宗命令全国各地都要设置常平仓。它的主要做法是在市场拥有大量粮食、粮价过低的时候进行大量收购，使粮价适当提高；在市场缺少粮食、粮价过高的时候进行出售，使粮价适当降低。这一措施起到了对粮食价格的宏观调控作用，保证了粮食的储备和稳定的粮价。

在选拔人才的方式上，唐朝大大优化了隋炀帝时建立的科举取士制度。唐朝每年定期举行科举，常设的考试科目亦比隋朝时有所增加，除进士科外，还有明经、明法等科目。唐朝对应试者能力的考察范围也比隋朝时更广，比如进士科在隋朝仅考试策论，也就是对时事和政治的看法，但在唐太宗时则加试了儒家经典和历史科目。此外，唐朝还很重视考生的诗赋水平。

世界 大事记 中国

626年 玄武门之变爆发。唐高祖李渊退位，唐太宗李世民即位

# 02

# 唐太宗时的
# 文化与国际交流

你知道《西游记》中，
唐僧的原型是谁吗？

▶ 日本遣唐使来中国
学习。

## 在唐朝上学

626年，唐太宗李世民即位，次年改年号为"贞观"，唐朝在他的统治下迈向了全盛时代，后代的历史学家们将这一时期称之为"贞观之治"。

早在晋武帝时，一个独立的国家教育管理机构——国子学就已经诞生了，后来杨广将它改名为国子监，设祭酒一人，专门管理教育事业，祭酒有点儿类似现在的教育部部长。李世民非常重视文化教育事业，国子监的职权在这个时代得到了进一步扩张，成了专门研究学习儒家经学的最高教育机构。随着这间国家级学校的扩招，越来越多的学者进入长安，都城的学术氛围更加浓厚了。

李世民还下令编纂正统的儒家典籍和注疏解释，因为这些经典书籍距离唐朝已有上千年历史了，所以他专门请来大学者孔颖达等人来负责订正经书文本，并联合其他学者做详细的注释，这些经文和疏义就是我们后代所熟知的《五经正义》。这本官方教材的出现为唐朝的儒家教育奠定了基础，促进了儒学的兴盛。

## 唐朝留学生

唐朝的文化发展也吸引了四周邻居们的目光，东边的近邻日本在隋朝时曾经先后四次派"遣隋使"来访，其中以小野妹子为首的使节团的目的就是来华学习，这是不是有点儿像现在的留学生、交换生？在李世民的治理下，唐朝的对外交流更加活跃了，日本前后共派遣十九次使节团来唐朝学习先进的技术和文化思想，这些使节被称为遣唐使。

作为一名遣唐使，在汉字上有深刻的造诣是最基本的要求，就像现在要出国读书，一定要学好当地的语言一样。遣唐使只有熟悉汉字并能运用自如才能更好地研究中国典籍，从而给自己的国家带来更好的发展。日本当时的社会发展远不如中国，遣唐使带回的相关典籍、律令等文书是日本人十分渴求的。可以说，一个文明之所以先进，是因为它能够成为别人的学习榜样。

646年，日本发生了著名的"大化改新"运动，这是一次自上而下的政治经济改革。日本人仿照唐朝的政治制度确

立了中央集权的政治体系，又成立了大学寮和国学，开始重视教育。

位于东北地区和朝鲜半岛上的国家高句丽也与唐有着密不可分的关系。为了学习教化，高句丽的使节从唐朝带回了很多儒家典籍。

**佛教在唐朝**

唐朝除了盛行道教和佛教，还出现了三夷教、基督教、密教等宗教，大量外国人带着他们的文化习俗来到唐，并在这里生活。开放和包容的长安，是当时数一数二的国际化大都市。

由于唐朝皇帝自认是道家创始人老子的后人，所以初唐时朝廷更为推崇道教，不过在武则天在位期间，很多人崇尚佛教。

与李世民关系最密切的僧人是著名的高僧玄奘，他也是四大名著之一《西游记》中唐僧的原型。历史上真实的"唐僧"——玄奘"取经"其实是一次私人行为，他在627年离开了长安，历尽千辛万苦前往佛教发源地天竺学习。在天竺生活了十五年之后，他带着佛学经典回到了长安，并获得了唐太宗的赞助和

支持，这使得他能够专心做好这些佛经的翻译工作，并且能以官方名义进行传播。凭借这次功绩，玄奘成为了中国佛教历史上的伟人之一。

除了取经，玄奘在漫长的旅途中也考察了天竺以及沿途中亚地区的地理风俗、政治制度等。在归国后，玄奘为李世民讲述了这些地区的详细情况，并由他的弟子辩机把旅途中的见闻整理写成了《大唐西域记》，它为后来唐朝对西域的军事行动提供了帮助。

613年 法国墨洛温王朝重新统一法兰克

630年 日本第一次派遣唐使（犬上御田锹）来访

627年 玄奘前往天竺

▼ 玄奘去天竺取经。

# 03 善用人才的一代明君

## 李世民是怎么治理国家的？

唐太宗李世民之所以能取得成功，跟他的性格有分不开的关系。他对刑罚的施行十分慎重，在他看来，唐高祖时的部分法律条文过于严苛了，治理国家应该施行更宽厚的政策。所以627年时，他让大臣们重新修订了法典。这是一项庞大而艰巨的任务，大家花了十年的时间才完成这部《贞观律》，其中减少了大量死刑，也减轻了很多小罪的处罚，让百姓们不必为了一点小错而战战兢兢。

作为一个君主，李世民最为后人称道的就是他"任人唯贤"的政策，不论出身是否高贵，是否曾经效力于他的敌人，只要确实有才华，他就会委以重任。比如他最信任的朝中重臣魏徵原本就是李建成的部下，甚至还曾出谋划策来打击李世民的势力，但在归顺李世民后，有才干的魏徵依然得到了重用。

魏徵认为，天下大乱以后，社会刚恢复安定，正是施行仁政，对天下子民进行教化的好机会。李世民采纳了这一建议，在他登基之后，百废待兴之时向天下颁布新法、安抚万民，这为他的"贞观之治"奠定了基础。

唐太宗与魏徵的君臣情谊向来被后世津津乐道，比如有一次，李世民问魏徵，现如今他作为皇帝所下达的政策是否比他刚登基时更受到百姓们的欢迎。魏徵就上书说，您在贞观之初还能听从臣子们的建议，但是现如今却渐渐厌恶臣子们的直言啦。李世民在听了这一批评之后并没有生气，而

◀ 李世民虚心听取魏徵的意见。

39

是虚心改正了自己的问题。

后来魏徵病死了，唐太宗非常难过，他曾经流着泪对身边的人说："一个人用铜做镜子，可以看见自己的衣帽是否穿戴整齐；用历史做镜子，可以明白国家兴亡的原因；用人做镜子，就可以发现自己身上的缺点。魏徵就是我的一面镜子，他总是告诉我哪儿做错了，现在魏徵去世了，我失去了一面镜子！"的确，没了魏徵的直言，晚年的唐太宗在一些重大决策上就犯了糊涂。

## 唐太宗为什么把魏徵比喻为镜子？

李世民刚刚登基的时候，一些政治权力仍然被世家大族把持着，并集中在一小部分贵族手中。这当然非常不利于国家发展，于是李世民下令编纂一部全国范围内的姓氏族谱，借此来提高李氏皇族的地位，打压那些豪门世族。638年，这本《氏族志》正式成书，它收录了全国二百九十三个姓氏，分为九个等级，把皇族李姓排在第一等，李世民和他父亲的母系亲戚排在第二等，天下公认的"清河崔氏"等名望大姓则被排在了第三等。

### 贞观时期的民族关系

李世民在当上皇帝以后，最大的军事成就便是彻底平定了东突厥。和李渊消极避让的做法完全不同，李世民采取了强硬的态度，并且抓住东突厥遭遇雪灾的这一重要时机，派遣名将李靖发动夜袭，击垮了东突厥军队，颉利（Xiélì）可汗在逃亡途中被擒获，其余人随后也投降了唐朝，东突厥就此灭亡。

之后李世民又调兵遣将，在天山北路建立了强大的军事基地，开始对西突厥进行征讨。西突厥统治着西域的大部分地区，不能硬来，于是李世民利用对方的内部权力斗争，扶持亲近唐朝的可汗上位，让西突厥势力陷入内乱，再也难以构成威胁。在实力强盛的东西突厥相继被唐王朝征服之后，其他位于西域的小国也陆续归顺唐朝。

630年，西域各部族的首领到长安拜见李世民，请他接受"天可汗"的称号。"可汗"一词原本是西域各族首领的尊称，西北各族给予李世民"天可汗"的称号，实际上是给予了他仲裁各族之间纠纷的权力。从这一称号上也能看出，唐王朝政权在西域很有威望。李世民用平等的态度来对待各族的子民，在长安举行了一场极为隆重的典礼，接受各族的朝拜，体现了他宽广的胸怀和兼容并蓄的态度。

不过，这一切都是史书上

642年 整个埃及纳入阿拉伯帝国的版图

646年 日本大化改新

637年 唐朝颁布《贞观律》　　641年 文成公主入藏　　645年 玄奘返唐，翌年《大唐西域记》整理完成

记载的唐太宗，真正历史上的他是不是这样一个理想的皇帝，我们也没法知道了。近代学者胡适曾经说过："历史是个任人打扮的小姑娘。"历史上那些亡国皇帝的残暴和无能，也许有后人夸大的成分，像是前面我们说到的纣王就是这样，当然，也许是王朝的发展规律使然，任谁也无法挽回了。而唐太宗的优秀，可能也经过了唐朝人的美化。但能够缔造这样一个繁荣的大帝国，他一定是有过人之处的。我们在评判任何一个人的时候，都应该更加客观和慎重。

▼ 文成公主入藏和亲。

## 知识充电站

### 文成公主入藏

----------------------

　　629年，松赞干布统一了西藏，建立起了强盛的奴隶制王朝吐蕃。他十分仰慕中原的先进文化，在634年派遣使者来到唐朝，希望与之联姻。640年，李世民便答应把文成公主嫁给松赞干布。

　　文成公主进入吐蕃的时候带去了很多东西，包括各类蔬菜的种子、药物和精致的手工艺品，以及一些关于生产技术类的书籍，还有许多擅长养蚕、酿酒、造纸的工匠。他们在吐蕃传播工艺，对吐蕃的经济文化发展起了巨大的促进作用。

# 04

# 永徽时代的文化

▼ 闻名中外的唐三彩。

你知道现存最早的雕版印刷品是什么吗？

## 永徽时代的到来

李世民晚年时为选择继任者的问题伤透了脑筋，原本的太子李承乾因为谋反被他囚禁，导致他在余下的皇子中犹豫不决。魏王李泰是一个很有才华的人，但是长孙皇后的哥哥长孙无忌出于私心，却希望十六岁的李治能做皇帝。最后性格柔顺的李治获得了机会，继位成了后来的唐高宗。

649年，李治正式登上皇位，承袭了贞观之治的全盛局面，在父亲留下的能臣良将们的辅佐之下，国家政局稳定，农业、手工业和商业持续发展。根据652年的统计，全国户数达到了三百八十万户。因为当时的年号叫永徽，所以历史上将这一时期称之为"永徽之治"；又由于李治是在贞观之治的基础上获得的成就，也有学者认为这一时期具有"贞观遗风"。

## 李治的成绩

李世民去世之前，向继任者提出的一项要求就是要修订唐朝的律法，以便更好地适应

▼ 传向世界的雕版印刷。

新的形势。651年，唐朝颁布了新修订的《永徽律》。652年，为了让全国的司法机关有统一的判刑标准，李治下令召集了精通律法的人才和一些重臣，编写了一部用于法制教育的详细官方刑法注释，称为《唐律疏议》。这部书一共三十卷，逐条注释了《永徽律》，并提出问题，加以解答。它在后续几个世纪中一直是历代王朝刑法的权威注释。

李治在位时对朝鲜半岛发动了战争，当时岛上的新罗被百济攻打，不得已之下向唐朝求助。660年，唐朝大军攻下百济首都，占领了百济全境。之后不久，唐朝的军队利用高句丽的内部动乱，攻下了高句丽的首都平壤城。这一系列的军事行动让唐朝势力进一步扩张，疆域版图达到了巅峰。

在对外战争取得成果的同时，唐王朝并未忽略国内的经济发展。农业经济的发展带动了手工艺的繁盛，唐朝手工艺的技术水平有了整体上的提升，闻名中外的唐三彩就是其中的成果之一。

手艺高明的工匠们先在陶器上涂上一层有颜色的釉，然后画上黄色、绿色、青色等颜色的花纹，这样经过烧制之后就成了颜色绚丽的三彩釉。唐三彩对国内外陶瓷制品的发展有着重要的影响，当时各国纷纷派遣使者来唐王朝学习先进的技艺。这项技术传播到了新罗和日本，在当地匠人的手中发展成了新罗三彩和奈良三彩。

在满足了物质生活的前提下，人们对精神文化生活也有了更大的需求。光靠传统的毛笔抄写书籍已经很难跟上文化发展的速度了，这时候，雕版

653年 《古兰经》校订完成

649年 唐太宗李世民去世，
唐高宗李治即位

653年 唐朝颁行《唐律疏议》

657年 唐朝灭西突厥

▲ 李治和大臣们一起编定
《唐律疏议》。

印刷技术逐渐成熟。所谓雕版印刷，是指工匠们要先把需要印刷的文字一笔一画反向刻在木板上，之后将这块雕刻好的木板蘸上墨汁，把纸张覆在上面，就可以实现批量印刷。这样的做法相对人工抄书的方式来说，效率自然大大提高，有利于书籍的大规模普及。早期雕版印刷主要用于经文、历书等实用性书籍的印刷，后来使用范围才渐渐扩大。

北宋学者沈括的《梦溪笔谈·技艺》中写道"板印书籍，唐人尚未盛为之"，意思是说唐朝人已经掌握了雕版印刷的技术，但是还没开始大规模地使用。根据相关历史考证，雕版印刷术出现于唐代初年。现存最早的印刷品是868年（唐朝中期）印的《金刚经》残卷，卷首有图，刻印精美，现存于伦敦大英博物馆。雕版印刷术后来逐渐传播到世界各地，对世界文化发展做出了伟大的贡献。

45

# 05

# 则天女皇帝的超级盛世

### 再度入宫

　　唐高宗李治自中年时就身体不好，经常头晕目眩，所以他后来的皇后武则天逐渐掌握了政权。武则天并不是她的本名，她成为皇后以后给自己起名叫武曌（Wǔ Zhào），"则天"是她的尊号，现在的人们更喜欢称呼她为"武则天"。她的父亲武士彟（Wǔ Shìyuē）是唐朝开国功臣之一，在唐太宗贞观年间担任工部尚书。武则天进宫的时候只有十三岁，被封为"才人"，也就是等级比较低的嫔妃。

　　649年，李世民逝世了，按照唐朝的惯例，皇帝死后，他的一部分没有子女的嫔妃要到感业寺出家。传说，唐高宗李治在感业寺进香时与武则天相遇，李治立刻萌生了纳她入宫的想法。当时的王皇后因为没有孩子，也想借助漂亮的武则天来打击别的嫔妃，便顺水推舟，促成了这桩美事。也有人说，其实在唐太宗还没有去世的时候，年轻的武则天和李

治就已经互相喜欢了。非常有趣的是，娶已故父亲的妻子的行为，在现代人的观念中是无法接受的，但中国古代北方游牧民族中却有着这样的习俗。

651年，武则天再度入宫，在李治的提携和关照下，一步步登上了皇后宝座。李治中年时经常头晕目眩，看不清楚东西。患病的唐高宗不得不依靠旁人的帮助来治理这个国家，最佳人选就是他最信任的妻子。于是武则天就坐在垂下的帘子后面，帮助丈夫处理政务，当时人称作"二圣临朝"。

## 大权独揽

683年，唐高宗因病去世，临终要新册立的太子李显即位，并说军国大事有不能裁决的时候，就由武则天决定。李显即位之后，武则天被尊为皇太后。李显试图改变武则天大权独揽的状况，想培植属于自己的势力。但这个做法让武则天非常生气，于是武则天废掉了李显的帝位，把他贬为了庐陵王，改立豫王李旦为帝，自己掌握了全部大权。

李旦被立为新帝之后，勋

贵徐敬业以扶持庐陵王李显的名义，在扬州起兵，要反抗武则天。著名文学家骆宾王被招入徐敬业幕府，负责起草文书，军中发布的文件命令都是骆宾王写的，著名的《为徐敬业讨武曌檄（xí）》也出自此时。不过纷纷起兵的李氏宗族都不是武则天的对手，手握兵权的她毫不手软，派兵把他们一一镇压了。

## 唯一的女皇

690年，下至黎民百姓，上至皇室宗亲，共六万余人上表请改国号为周，劝武则天为帝。至此，武则天终于真正登上了权力巅峰，成了中国历史上唯一的女皇帝。她给自己改名为武曌，这个"曌"字是她独创的，有"日月凌空、光被天地"的意思，显示出她想要立于天下人之首的雄心。

因为门阀制度的影响，武则天深知，想要拥有完全属于自己的势力，必须要越过朝堂上现有的官员及宗族。为保证新选官吏不涉及派系，可为自己所用，她创造了新的选官制度。一是"殿试"，对那些在

科举考试中通过笔试的才子，武则天要亲自出考题来进行"面试"，并由自己决定考试名次。这就让考中者都变成了"天子门生"，大家把感激的对象从考官转移到了天子身上。

然后是真正不拘一格地选拔人才。武则天派遣"存抚使"十人，到各地去巡察并推举人才，一年后他们共举荐出一百余人。她不问出身，全部亲自接见，根据他们的才能高低授予官职。武则天虽然以官位收买人心，但对不称职的人也会罢黜，赏罚分明，所以当时有能力的人很乐于为武则天效力。武则天虽是出自培植自己势力的想法才创造了这样的制度，但这同样促进了科举制度的进步，之后历朝科举都采用了殿试，皇帝成为最后一轮测试的考官，这使皇帝能更清晰明确地选出自己需要的、看中的人。702年，武则天又仿照科举制度创设了武举制，用来选拔军事人才，考试项目包括射箭、马枪、翘关、负重等，还要考察身材和语言能力。后来武举考试一直延续到了明清时代。

武则天知人善任，选拔出

◀ 武则天登基，成为中国历史上第一位女皇帝。

了张柬之、宋璟（Sòng Jǐng）等许多著名的大臣，其中最有名的便是特别擅长评断刑狱，号称"神探"的狄仁杰。武则天用"国老"尊称狄仁杰，可见他在武则天心中分量很重。

武则天晚年在选择儿子还是侄子成为继承人的问题上犹豫不决，狄仁杰跟她说："姑侄和母子相比，哪个比较亲近呢？如果立儿子为皇帝，千秋万载之后还会有人在太庙中供奉你的位置，世界上又哪有供奉自己姑姑的侄儿呢？"武则天听了这番话连连点头，放弃了让侄子继承皇位的念头。狄仁杰用敢于直谏的胆量和出色的表达技巧，重新给了李氏机会。

武则天在治国上也很有一套，她沿袭了贞观时期的政策，进一步减轻老百姓的赋税和刑罚，使得经济高速发展，国力比唐太宗时的更为强盛。所以现代历史学家郭沫若说她"政启开元，治宏贞观"，她掌权的时代，在贞观之治和开元盛世之间起到了承上启下的作用。

▼ 武举科场考试。

世界 | 大事记 | 中国

687年 意大利威尼斯共和国建立

683年 唐高宗李治死，唐中宗李显即位　　690年 武则天废唐睿宗李旦，即帝位，改国号为"周"

# 06

# 开元盛世：
# 大唐帝国最强盛的时刻！

你知道唐朝专门教别人唱歌、跳舞的学校叫什么吗？

▶ 唐朝女性在讨论政事。

49

▼ 唐朝女性的音乐
会与茶会。

### 女皇时代的结束

武则天晚年听从了狄仁杰的建议，把李显重新立为太子，却又把主要的权力交给了张易之和张昌宗这两个长相漂亮的宠臣。张氏兄弟凭借着武则天的信任，为所欲为，却一直受到武则天包庇。这使众臣明白，只有使用武力才能最终解决问题了。

705年，宰相张柬之率领禁军，劝太子李显来到了武则天在洛阳的寝宫，杀掉了张氏兄弟，并逼迫武则天退位。李显复位后，把国号恢复成了"唐"。李显就是后来的唐中宗。同年年底，武则天病逝，结束了一代女皇的传奇人生。

这是一个特殊的时期，受到身为女性的武则天影响，女性在此期间频繁地参与政治，比如李显的皇后韦氏和女儿安乐公主，比如凭借自身的才华深受皇帝信任，负责起草诏令的上官婉儿，当然，还有武则天的女儿太平公主。像这样女性如此强势的时代，在后来的很长时间都是很难想象的，所以从这里也可以侧面地看出唐朝人的开放和包容。

李显曾被武则天幽禁多年，昏庸无能，对韦后几乎言听计从。而韦后非常羡慕和嫉妒武则天的威风，她盼望着像武则天那样开国称帝，于是在710年阴谋毒死了李显，让太子李重茂继承了皇位，韦后则以皇太后的身份临朝听政。

此时还能够威胁韦太后地位的，就只剩下李显的弟弟李旦和妹妹太平公主了。太平公主对韦太后独揽大权的行为一直非常不满，而李旦的第三个儿子李隆基知道父亲处境危险，决定和太平公主联合起来发动政变。

710年农历六月，李隆基率领事先联络好的左右羽林军杀进长安玄武门，杀死了韦太后、安乐公主、上官婉儿等掌权人物，将宰相韦温及其党羽尽数斩杀。几天后，太平公主逼迫少帝李重茂退位，扶持李旦，也就是后来的唐睿宗即位。

712年，唐睿宗李旦计划把皇位禅让给李隆基。太

51

▲ 收藏在日本正仓院的唐
朝螺钿紫檀五弦琵琶。

## 知识充电站

### 日本奈良的正仓院

------------------------

在日本奈良，有一座名为"正仓院"的博物馆，里面收藏了不少唐朝传入日本的精美器物及家具，左页图中这件漂亮的螺钿紫檀五弦琵琶就是其中之一。"螺钿"是一种装饰艺术，工匠们把海螺和贝壳打磨成花鸟等形状，再镶嵌在物品表面，用以装饰。这把琵琶把螺钿工艺之美、唐朝的繁盛之美发挥到了极致，是名副其实的正仓院镇馆之宝！同时，它也是现在所能找到的唯一的五弦琵琶实物！其他的五弦琵琶，你只能在敦煌壁画上看到了。

平公主对此极力反对，打算发动一场政变来阻止一切。但这些早已在李隆基的掌控之中，太平公主最终在她的府邸被赐死，从此朝堂上数十年的混乱状态结束了。而太平公主的死亡也标志着一段女性影响中国政治的时期结束了。

### 最强盛世的到来

李隆基治国的前期以开元作为年号。他励精图治，想让国家恢复强盛，并且任用贤能，先起用当时的名臣姚崇、宋璟为宰相，后来又任用了张九龄等有作为的臣子。

李隆基重新制定官吏的迁调制度，即选取京官中有才能的官员外调为都督刺史，训练他们的基层执政能力；同时，又选取都督刺史中有作为的人升为京官。为了选拔人才，李隆基还亲自在殿试中考核吏部新录取的县令。

这段时期，李隆基还很崇尚节俭，改变了武则天以来后宫的奢靡之风，规定后宫里后、妃品阶以下的嫔妃和朝廷三品以下的大臣，不得佩戴金玉饰物，并遣散宫女，以节省开支，为皇宫制造物品的织锦坊也因此关闭。

面对严重的自然灾害，李隆基改革了原本的义仓制，不再将储备的粮食上缴国库，而是用作救济饥荒之粮。通过这些措施，唐朝的财政越发丰裕，全国的粮仓充实，粮食多了以后自然就便宜起来。这时的大唐王朝进入了最强盛的时代，后世历史学家称这段时期为"开元盛世"。

开元时代也是文化艺术的盛世，李隆基所热爱的音乐领域更是发展到极高的水平。其实早在唐高祖李渊时，就出现了专门用于教习音乐和舞蹈的教坊。武则天曾经把这地方改名为云韶府，唐中宗时又恢复旧称。714年，爱好音乐的李隆基专门设立了左右教坊，左教坊主要教人音乐，右教坊则专长于舞蹈。

为了弥补当时音乐人才的

不足，李隆基专门拿出了一座皇家园林给负责演奏的乐工做培训场地，这就是"梨园"的由来。经过多年精心经营，梨园成为了我国历史上第一座集音乐、舞蹈、戏曲于一身的综合性"艺术学院"。李隆基亲自担任梨园的"崔公"，相当于现在的校长。他还经常令当时的翰林学士或有名的文人编排节目，可见这些艺术节目的质量非常高。

当时的音乐主要有两类，一种是雅乐、燕乐等宫廷音乐，另一种则是出自民间的娱乐性音乐。雅乐主要用于祭祀、朝会等与国家典制有关的隆重场合；而燕乐主要用于宫廷宴会等较为轻松的场合，其中最著名的莫过于李隆基亲手创作的《霓裳羽衣曲》。开始的时候，这首曲子只在宫廷中表演，后来因它乐调优美，构思精妙，外地的藩镇节度使们也纷纷效仿排演，从此流传天下，这也让李隆基自豪不已。

与宫廷音乐不同，民间音乐直接来源于老百姓的生活，也是唐代教坊演出的主要歌曲类型。教坊曲中著名的《牧羊怨》《下水船》《采莲子》等民歌，描绘的都是民间劳动的场景，体现了民间音乐的生动魅力。

众所周知，唐朝是我国历史上诗歌创作的黄金时代，在繁荣的文化创作背景之下，"诗"与"歌"的天然联系进一步得到了加强，若是谁的诗作能够被改编成歌，那是十分值得骄傲的事情。著名诗人白居易流芳千古的名作《长恨歌》，就是"唐诗入乐"的经典范例。

705年 神龙革命爆发，唐中宗李显复辟　　712年 唐玄宗李隆基即位

55

▼ 李隆基设立了左右教坊，
分别教人音乐和舞蹈。

现在音乐的种类非常丰富，有摇滚、爵士、民谣、流行等。但你知道唐朝有哪几种音乐吗？

## 07

# 翰林院登上历史舞台！

**古代的
书院与官学
有什么不同?**

- - - - - - - - - - - - - - - - - - -

中国古代特有的私人教育组织叫作书院，类似现在的民办学校、私立学校，是个人组织起来的。而官学则是朝廷直接创办和管理的公立学校，中央朝廷组织举办的就叫中央官学，地方政府组织兴办的就叫地方官学。相比之下，书院比较重视交流和论辩，以学术研究、学术活动为主，不同学派的人可以一起讨论争辩。而官学的设立主要是想培养官员，这里面的学生大多是官宦子弟，他们的课程由国家来拟定。

翰林院是做什么的呢?

世界
大事记
中国

718年 丽正修书院设立

开元时代的文化教育事业也有了长足发展，翰林院的发展就充分体现了这一点。在唐高祖李渊时，翰林院会招聘各种有才能的人士，让他们为皇帝服务，这些人才包括作家、诗人、风水专家、僧侣、艺术家等。但到了唐高宗时，翰林院里的人就主要是有学问的文学家了。

唐玄宗李隆基即位后，专门选拔擅长文辞的大臣到翰林院工作，负责起草诏制。这些人被称为翰林待诏，后来又改称翰林供奉。从这时开始，给皇帝提供娱乐消遣的翰林院逐渐变成了一个为皇帝草拟诏书的重要单位。

到了738年，唐玄宗另外兴建了一座翰林学士院，将文学方面才华卓越的官员选拔为翰林学士。到了晚唐，翰林学士院就完全取代原来的翰林院，翰林官们相当于皇帝身边的机要秘书，简称翰林。此外，中国最早的官办书院——丽正修书院也诞生于开元盛世时。

▼ 唐朝书院。

## 08

# 打破盛世幻梦的
# 安史之乱

▲ 以胖为美的唐朝审美，
杨贵妃就是其中代表。

世界　中国

大事记

726年 拜占庭圣像破坏运动开始

742年 唐朝僧人鉴真第一次东渡日本

现在的女孩子们大都希望自己身材苗条，但唐朝为什么会以胖为美呢？

## 军队制度的隐患

开元盛世还没过去多久，唐朝就陷入了战乱之中，这在很大程度上是因为府兵制度的崩溃。打仗时，府兵是需要自己带粮食和装备的，而平时他们就是寻常百姓，只是需定时参与军事训练，到了打仗的时候朝廷再组织他们出兵。而这一切的前提，就是均田制得到有效运行。

但是随着时间的推移，新兴的大家族又开始贪得无厌地兼并土地，均田制遭到了破坏，府兵家里的土地都被大地主吞并了，自己都吃不上饭，哪里还有余粮带着打仗呢？这样一来，唐朝政府不得不停止征发府兵，改成新的募兵制度，由朝廷招募可以长期服役的士兵，并提供粮食和装备，由专门将领来统领。也就是说，朝廷专门养着士兵，由将军管理他们。相比之下，将领们的权力就变大了。

711年，边镇掌兵的将领有了新的官名——节度使，整个驻地的人口、财政、刑罚等都归他管，那这不就跟小朝廷一样了吗？一部分节度使逐渐脱离中央，形成了地方割据势力，到唐玄宗时，节度使势力已经有十个了，可以想象，只要他们想造反，社会必会陷入战乱之中。

## 无心上班的唐玄宗

这时候，已经步入晚年的李隆基早失去了当年的雄心壮志，一心一意在宫里养老，并把朝政先后交给李林甫、杨国忠把持。他们要是大忠臣也就算了，很可惜，这两个人都是阴险而自私的人。李林甫很会说好听的话，得到了唐玄宗的信任，并因此专权很长时间。

天宝年间，李隆基十分宠爱杨贵妃，无心处理政事，这就给了李林甫可乘之机。为了巩固自己的权力，李林甫建议唐玄宗让安禄山等寒门出身的少数民族将领担任镇守边疆的节度使，又放任他们拥兵自重。这其中，有着粟特血统的安禄山还认唐玄宗、杨贵妃为义父、义母，借此拉近关系，哄他们开心。而杨国忠作为杨贵妃的亲戚，也得到了唐玄宗的偏袒，他到处搜刮民财，所有这些都使朝政日渐腐败。

59

### 安史之乱

天宝中期，中央朝廷只有不到十三万兵力，而边镇兵力却高达五十万，安禄山一个人就拥兵十八万。只从数量上来看，朝廷完全没有办法和地方抗衡，局面已经非常危险了。

李林甫死后，杨国忠当了宰相，不过他跟安禄山的关系不太好。唐玄宗对杨贵妃极为宠爱，而杨贵妃正是杨国忠的堂妹，这更令安禄山不安了。

755年，安禄山和史思明等将领率领十五万联军，以"讨伐杨国忠"为借口在范阳起兵，拉开了安史之乱的序幕。

势如破竹的安禄山军队在756年攻陷了长安的门户潼

关。朝廷军队根本不是他们的对手，于是唐玄宗决定放弃长安，带着杨贵妃、皇族和亲信们仓皇逃往四川。

当他们到达马嵬坡（今陕西兴平）驿站时，大将军陈玄礼发起兵变，请求唐玄宗杀掉杨国忠和杨贵妃。士兵将杨国忠乱刀砍死后，又将驿馆团团围住，要求李隆基赐死杨贵妃。李隆基本来想赦免自己的爱妃，但门外将士丝毫不肯松动，最终他不得不下令高力士把杨贵妃用白绫缢（yì）死。

安史之乱使得山河陷落，唐朝由盛转衰，芳华绝代的杨贵妃香消玉殒，给这曾经的盛世画上了一个悲剧性的句号。

▼ 安禄山与史思明发动了叛变，史称"安史之乱"。

# 09

# 波澜壮阔的
# 海上丝绸之路

在海上丝绸之路上，唐朝与海外的国家主要交易些什么呢？

## 海上丝绸之路什么样？

除了叛乱的军阀以外，控制青藏高原的吐蕃是唐朝的另一劲敌。在唐太宗李世民时，吐蕃和唐朝的关系还比较友好，文成公主嫁去吐蕃的同时，给他们带去了大量先进技术和资源，让他们逐渐强盛起来。结果吐蕃反而成了唐朝在西部最大的威胁。吐蕃军队甚至曾攻陷长安，这让两国关系降到了冰点。在唐玄宗时，吐蕃占有了大片西域地区，掐断了唐朝和天竺等国贸易往来的陆上丝绸之路，这就让另一条贸易路线显得更加重要了。

唐朝物产丰富，与周边的各个岛国也有来往，所以唐朝商人们通过海上丝绸之路，让唐朝能够和沿途国家进行来往。现在我们就化身小船工跟随唐朝出海经商的船队，对海上丝绸之路一探究竟吧！

将货物收拾妥帖后，我们跟随师傅到了船上的库房，这里有丝织品、纸张、瓷器、漆器、茶叶、药材、香料等，这些都是唐朝时海上丝绸之路的主要通商物品。

每到一个港口，船上的货物便增增减减，进行买卖，船队完成交易后会重新启航。等到返航时，货物已与出发时候的完全不同了，中国的特产都换成了在各地交易来的新货，如稀有的香料、药材、珊瑚、宝石、玻璃器皿等。不出意外，船队这次应该能大赚一笔，我们的薪水也有了保障。回到广州湾时，船队果然兑现了承诺好的薪水，我们跟随船队的出海旅行也告一段落。

海上丝绸之路的货物来了，同样到来的还有沿途各国

▼ 广州的港口。

▼ 海上丝绸之路上
航行的商队。

的船只、使节、商人。由于在广州港的来往商船越来越多，所以唐朝对海外商船的交易也采用了一定的监管策略。661年，唐朝设立了市舶使，派专门的官员负责管理海上贸易，征收船只的入境税，这与现代的海关有些类似，但那时只征收入境税，并不限制交易的种类，大家基本上买卖什么都可以。741年，朝廷又在各大口岸设立了"蕃坊"供外国商人居住，并设置专门的"蕃坊司"与蕃长进行管理。

唐朝的经济繁荣让各国纷纷前来寻求邦交与物品交易；另一方面，唐朝的技术与文化也随着海上丝绸之路影响了沿途的各个地区。

### 有趣的古代国家

在海上丝绸之路的沿途有许多有意思的国家，现在我们一起去这些国家瞧瞧！

环王国位于当今的越南中部，这里多雾多雨，即便冬天也仍然温暖，不会下雪。国王穿着草棉布制成的服装，头戴鲜花，还佩戴珍珠、金锁制成的饰品。环王国曾命使者给唐赠送了二十四次礼品，这其中有犀牛、驯化过的象、琥珀、

沉香等，唐也回赠了丰厚的礼物。在唐太宗贞观五年（631年），环王国曾向唐朝赠送白鹦鹉，这只白鹦鹉非常机灵，会回答人的问话。

五天竺，地理位置包括今天的巴基斯坦、孟加拉国、印度等国家，意为"婆罗门众之国"，著名的高僧玄奘就是在这里取到了真经，并且把一路取经的见闻"写"成了《大唐西域记》。五天竺的等级制度森严，用种姓制度将人划分成四种阶层。唐朝不仅有正式的使节与五天竺进行外交，而且还有很多到五天竺国家巡礼佛教胜迹与求法取经的留学生，五天竺国家的大德高僧也到唐朝来传播佛教。

师子国，位于当今的斯里兰卡，这里盛产珍宝，土地肥沃，常年温暖，花果粮食出产十分丰盛，常引来其他国家的人在此处居住，别国商人亦纷

▼ 波斯国人。

纷来此进行珠宝交易。师子国与唐向来关系良好，曾在746年赠送了《大般若经》给唐朝，唐也回馈厚礼。在获得了指南针技术后，师子国的船只也可以航行到广州湾进行贸易交流。

波斯王国，首都位于当今的伊拉克底格里斯河畔，波斯四季温暖，西边与大海相邻，人们种植水田。波斯国的战士战斗时骑象，非常威武雄壮。

波斯与唐来往密切，不仅有使者，还有众多波斯商人来唐经商，唐在波斯边境还设立了波斯都督府。后来大食的兴起使波斯逐渐走向灭亡，但在唐的长安、洛阳、扬州、广州等地还居住着很多波斯人，他们被称为"穷波斯"，但这个称呼的含义是在唐居住的波斯人没有穷人。

大食，位于当今的阿拉伯半岛地区，是一个政教合一的伊斯兰国家，后分裂为东大食（今巴格达地区）、西大食（今西班牙地区）、南大食（今埃及开罗地区）。这些国家与波斯湾、红海、印度洋以及大沙漠相邻。651年，大食派使者到达唐朝，并陆续赠送金线、织袍、龙脑香、骏马、豹等给唐朝，唐用厚礼回赠，自此开始了两国的通商交流。

▼ 师子国国民信奉佛教。

67

# 10

# 宦官专权酿成的悲剧

▲ 唐朝中后期，宦官专权
导致了许多问题。

各种势力总是需要互相牵制才能达成平衡，一旦一方势力过大，不可动摇，就会酿成大祸。你还记得第一次宦官专权是什么时候吗？快去复习一下！

唐朝的灭亡，跟中后期的宦官专权有很大关系。马嵬驿兵变之后，太子李亨称帝，即唐肃宗。在逃亡和成为皇帝的过程中，亲信宦官李辅国始终效忠支持着李亨，立下了很大的功劳，所以李亨登上帝位之后十分倚重他，甚至把天下兵马大元帅府行军司马这一重要的职务都交给了李辅国。这成为宦官得势的开始。

后来，李亨的儿子唐代宗李豫设置了枢密使和宣徽使两个职务，负责统领全国的军政，然而这么重要的职务却是由皇帝信任的宦官出任的。从此，宦官势力不但掌握了军队，甚至也开始插手政治，慢慢形成了一个把持朝政的宦官集团，李辅国一跃成为了历史上第一个宦官宰相。

李辅国死后，窦文场、霍仙鸣这两个曾护卫皇帝逃到汉中的宦官成为护军中尉，可以指挥中央禁卫军，掌握了唐朝中枢实权。宦官们在实力最强大的时候甚至可以拥立和废除皇帝，唐朝后期的九个皇帝，其中七个是宦官拥立的，想要从宦官手里夺权的唐顺宗和唐宪宗父子都先后失败了。

835年，没有实权的唐文宗李昂想彻底诛灭宦官势力，他们把当时的宦官首领仇士良骗到了禁卫军驻扎的后院，准备一举消灭。谁知仇士良发现事情不对，双方于是展开激战。最后唐文宗一方大败，愤怒的宦官们杀死了一千多名大臣和他们的家属，并囚禁了唐文宗，这就是"甘露之变"。

唐朝的宦官问题直到唐昭宗时代才得以最终解决，然而因为黄巢起义的冲击，当时已经天下大乱了。横行无忌的藩镇首领朱温率领军队冲进了皇宫，把宫中的宦官屠杀殆尽，他们的人数达五千之多，中国历史上历时一百多年的第二次宦官专权时代这才彻底结束。

69

800年 查理曼大帝基本统一欧洲　　　　　829年 威塞克斯国王爱格伯特基本统一了英格兰

796年 唐德宗军权被宦官掌握　　805年 永贞革新失败　　　　835年 甘露之变爆发，唐文宗诛杀宦官失败

# 11

# 衰落的唐朝
走向暮年

唐朝原本是非常推崇佛教的，你一定还记得玄奘去天竺取经的故事吧？那么为什么唐武宗要"灭佛"呢？

## 两税法的推行

为了平定安史之乱，大唐王朝耗费了大量人力物力，疲惫不堪的朝廷渐渐失去了对交税人丁和田亩数额的控制，很多地方的藩镇军阀对老百姓反复收税，有些地方的税甚至收到了几十年以后。为了改变这种局面，780年，唐朝开始实行一种新的税制——两税法。

两税法把各种乱七八糟的税都统一成了一种基本税。每年有夏季和秋季两次收税的时间，百姓们可以根据自己的情况选择一次进行缴纳，比如说，如果上半年的收成不太好，则可以在下半年有计划地多多生产，以此预留出用来缴税的物品与金钱，这种人性化的政策立刻获得了一致好评。

两税法不是按照统一的标准进行征收的，而是根据纳税者拥有的财富和财产确定应纳税额，如富裕的人财产多，征收的税就多；贫穷的人财产

▼ 黄巢起义。

少，征收的税就少，这样一来就可以保护穷人避免缴纳超过自己能力范围的税额。不过，听起来非常棒的两税法，推行起来却并不顺利，它照顾了平民百姓，却剥夺了很多藩镇征税的权力，这让中央和地方的矛盾进一步加剧。

**会昌灭佛运动**

唐朝中后期，因为社会战乱而选择出家为僧、削发为尼的人越来越多，他们不生产、不交税，对国家财政收入造成了很大影响，逐渐形成了严重的社会问题。而佛教寺庙因为接受了大量信徒捐赠的财产，拥有了大片土地，他们的产出也不需要向朝廷交税，所以很多寺庙都集聚了大量的财富。

唐武宗李炎继位以后，发现朝廷没有军费了，当时又面临着旱灾和蝗灾，急需国家拨款给灾民们。于是，会昌二年（842年），李炎下令清查全国的寺庙，收缴寺庙与僧尼的财产，还勒令僧尼还俗。同时，李炎禁止百姓给寺庙捐香油钱，一旦被发现，捐钱的人

与收钱的僧尼都需要受刑。这一次灭佛运动被称为"会昌灭佛运动"，与之前提到的两次灭佛事件一并被称为"三武灭佛"。

845年，灭佛运动已经毁坏了四千六百多处佛寺，还俗的僧人与尼姑多达二十六万人。尽管李炎去世后，继位的唐宣宗崇信佛教，又开始支持佛教的振兴，但会昌灭佛损坏了不少佛教经典，给佛教造成的损失已无法挽回。

安史之乱以后的唐朝再也没有了大帝国的光环，9世纪后期，唐朝走向了它的暮年。南方曾是唐朝最为安定与富饶的地区之一，所以这里承担了最沉重的税务负担，导致了一次又一次小规模的民间骚乱。

859年，裘甫（Qiú Fǔ）将被压迫的农民集合起来，在浙东发起了一次起义，但被唐军击溃。这让统治者不以为然，觉得农民起义并不是什么了不起的大问题，被冷落的百姓也渐渐绝望。

874年，王仙芝聚集千人在河南发动起义，科举中落第的黄巢亦聚集千人响应，直接导致唐朝灭亡的黄巢起义正式爆发。因为当时千人左右规模的农民起义在各地都有，所以黄巢起义根本没有引起唐王朝的重视。直到起义军攻入汝州，距离百里外的洛阳百姓恐慌逃离，唐僖宗李儇（Lǐ Xuān）才想笼络他们，让起义军投降。

王仙芝和黄巢对于朝廷的招安意见不合，起义军就此分成了两部分。王仙芝后来战死沙场，黄巢则坚定了不与唐王朝妥协的决心，他被推为起义军统帅，从南向北一路进攻，逼近唐王朝的东都洛阳。

唐僖宗见势不妙，逃往蜀地避难。起义军一路攻破潼关，占领了都城长安，黄巢也登基称帝。不过这并不意味着起义军的胜利。长安失去了江淮的粮食供应，只是一座孤城而已。而逃往蜀地的唐僖宗有粮养兵，便向起义军发起反击。粮食不足的起义军只能放弃长安。黄巢被唐王朝的军队一路追击，于884年兵败被杀。但唐王朝也在战乱中分离崩析，向它的终点走去。

◀ 会昌灭佛运动。

世界

中国

大事记

884年 黄巢被杀，起义被镇压　　　　907年 朱温建梁

# 12
# 唐诗创作的大时代！

知识充电站

**八股文的前身
——帖括**

------------------------

　　唐朝时用科举选拔人才，科举里有一科是明经科，考试方法是在经文上贴掉一些字，让参加考试的人填。因为经文很难记，所以有人就把经文总结起来编成歌诀，方便记忆，这就叫作"帖括"。这种考试方法到明代发展成了八股文。

白居易　　杜甫　　杜牧　　韩愈

唐朝给我们留下了丰富的文化遗产。在唐朝，诗歌创作进入了全盛时代，流传千古的唐诗成了唐朝的名片。

首先登上了唐朝诗歌舞台的是"初唐四杰"——王勃、杨炯、卢照邻、骆宾王。这四位诗人有个共同点，就是才气很高，但是官位却很低。这种能力和地位的不对等导致诗人们心里总是愤愤不平，这些情绪只能借由诗歌抒发出来，所以他们的作品也真实反映出了下层读书人的心理及追求。

从"贞观之治"来到盛唐时代的"开元之治"，唐朝国力越来越强大，文学上也展现出"盛唐气象"。当时的诗坛形成了两大诗派，一个山水田园诗派，诗人们以描写和赞颂大自然的秀美山水、记录自己的田园生活来抒发自己的感慨；另一个是边塞诗派，以描写边塞的生活、风光和战争为主，诗中大多是歌颂保家卫国的爱国思想，表现出建功立业的英雄追求。

除了这两大主题之外，诗歌创作还有浪漫主义和现实主义之分，其中最出名的诗人无疑是李白和杜甫了。李白不仅为唐诗的发展做出了卓越的贡献，也给中国文学史画上了浓墨重彩的一笔，以"诗仙"之名流传于世。杜甫是和李白齐名的另一位大诗人，他的诗歌充满了对天下和对人民的关怀，所以也被誉为"诗史"。

唐朝中后期虽然政局不太稳定，但也出现了许多流传千古的诗人。如我们耳熟能详的白居易、刘禹锡、韩愈、李商

李白

李商隐

刘禹锡

隐、杜牧等人。

唐朝初期流行的文体是讲究格律和对偶的骈文，著名才子王勃写作的《滕王阁序》就是初唐骈文的代表作。到了唐朝中期，韩愈、柳宗元发起了一场以反对辞藻华丽的骈文，复兴两汉时代文章传统为主旨的"古文运动"，提倡朴实，自由，不受格式约束，反映现实生活的散文风格，大大地推动了唐朝散文的发展。

唐朝中晚期也是传奇小说的诞生孵化期，《莺莺传》《枕中记》等作品都诞生在这一时代，它们的内容多是传述的异闻怪事，或是人世间各种恩怨情仇、英雄豪杰的故事，比如《莺莺传》讲述了张生与崔莺莺相爱，后来又将她抛弃的故事；而《枕中记》讲的是卢生在邯郸的旅店做了一场升官发财的美梦，黄粱一梦的成语就是源于这个故事。

▼ 文房四宝。

## 成语讲堂

### 黔驴技穷

------------------------

唐朝文学家柳宗元讲过一个故事：从前黔这个地方没有毛驴，有一个人从北方运来一头驴，将它放到山脚下吃草。山上的老虎发现了这个从未见过的怪物，一开始谨慎地远远观察，然后慢慢靠近毛驴，却被毛驴的大叫吓了一跳。最后，老虎发现毛驴除了用蹄踢外再也没有别的本事，就扑上去饱餐了一顿。现在我们用它比喻有限的一点本领也已经用完了。

# 13

# 唐朝灭亡，乱世再临！

唐以后的混乱时代为什么被称为"五代十国"呢？

## 唐朝的尽头

尽管黄巢起义失败了，但唐朝在它的冲击下也变得千疮百孔。曾经的起义将领朱温投降唐朝以后，在混战中成了最强大的藩镇。唐哀帝时的905年，著名的白马之祸发生了。权倾一时的朱温在亲信的鼓动下，到黄河边的白马驿杀掉了三十多名朝廷官员，并把尸体通通扔到河里。

907年，唐哀帝被迫传位给朱温，曾经创造了辉煌历史的唐朝终于宣告灭亡，军阀混战的乱世再次来临。

## 混乱的五代十国时期

唐朝灭亡后，中原地区的政权经历了好几次变换，除了朱温建立的后梁外，还有后唐、后晋、后汉、后周四个朝代，它们的都城都在中原，不过每个朝代的辖区都仅包括中原的少数地区，严格来说，他们只能算是较大的军阀而已。而在中原之外的中国大地上，也陆续出现了许多割据政权，其中前蜀、后蜀、南吴、南唐、吴越、闽、南楚、南汉、荆南、北汉等较大的割据政权被统称为十国。所以这一段时间被后世合称为"五代十国"。

这个时期的中原政权虽然实力较为强大，但是却没有足够的力量控制整个国家从而形成统一的态势，并且因为内乱不断、人心不齐，所以政权更迭十分频繁。十国之中，南吴、南唐、吴越、闽等都处在江南地区，荆南、南楚、南汉等占据了湖南湖北到广州一带，前蜀、后蜀在四川。这都是气候条件好、土壤肥厚、物产丰富、粮食富足的地区，因此这些国家也无法轻易被消灭，他们和中原王朝维持着微妙的平衡。其他割据的小国更是战乱不断、风雨飘摇，难以建立稳固而强大的政权。

这些政权相互制衡、纷争不断，今天你打我，明天我打你，谁也没有绝对优势。争斗持续了近六十年，一直到960年，北宋建立以后，中国才终于从几十年的分裂逐渐走向统一，结束了漫长的乱世。

## 《花间集》与李煜的词

《花间集》是中国五代十国时期问世的一部词集，也是

▼ 混乱的五代十国时期。

文学史上的第一部文人词选集，由后蜀人赵崇祚编纂而成。这部词集词风艳丽，大多是模仿妇女的口吻来描写她们的生活，这一词派被称为花间词派。

李煜是南唐的最后一位国君，他虽然在政治上没有天分，但在文学史上却有很大的影响。他的词前期大多是描写宫廷生活和男女之情，后期因为国家灭亡，自身难保，所以词作中多抒发亡国之痛、思乡之情，词风哀伤而凄凉。

959年，曾经立志一统天下的后周世宗柴荣驾崩了，当时只有六岁的周恭帝柴宗训登上了皇位。新帝年幼，又无权无势，所以朝中的军事大权被赵匡胤（Zhào Kuāngyìn）、石守信等武将紧紧把持在手里。次年，赵匡胤受宰相范质的命令，带领军队北上抵御传闻中契丹和北汉的联合军队。当大部队走到陈桥驿的时候，赵匡胤和赵普等人密谋发动兵变，众人强行把黄袍穿在了赵匡胤的身上，拥立他为皇帝。

赵匡胤几番推辞，最终还是答应了，他带领军队放弃了北上，直接回到京城开封，逼迫周恭帝让出皇帝的位置，这就是"黄袍加身"的由来。这是一次和平的兵变，没有出现混乱的局面和流血的战争。最终周恭帝柴宗训禅位，赵匡胤登上帝位，改国号为"宋"，定都城为开封，一个崭新的朝代开始了。